Justus Treubel

Konzept zum interkulturellen und interreligiösen Dialog

GRIN Verlag

Bibliografische Information der Deutschen Nationalbibliothek:

Die Deutsche Bibliothek verzeichnet diese Publikation in der Deutschen National-
bibliografie; detaillierte bibliografische Daten sind im Internet über http://dnb.d-
nb.de/ abrufbar.

Impressum:

Copyright © 2007 GRIN Verlag GmbH
Druck und Bindung: Books on Demand GmbH, Norderstedt Germany
ISBN: 978-3-640-17845-2

Dieses Buch bei GRIN:

http://www.grin.com/de/e-book/116311/konzept-zum-interkulturellen-und-interre-
ligioesen-dialog

GRIN - Your knowledge has value

Der GRIN Verlag publiziert seit 1998 wissenschaftliche Arbeiten von Studenten, Hochschullehrern und anderen Akademikern als eBook und gedrucktes Buch. Die Verlagswebsite www.grin.com ist die ideale Plattform zur Veröffentlichung von Hausarbeiten, Abschlussarbeiten, wissenschaftlichen Aufsätzen, Dissertationen und Fachbüchern.

Besuchen Sie uns im Internet:

http://www.grin.com/

http://www.facebook.com/grincom

http://www.twitter.com/grin_com

Universität Osnabrück, WS 2006/2007
Fachbereich Erziehungs- und Kulturwissenschaften
Veranstaltung: Bachelor Grundmodul: Migration und Minderheiten,
Erziehen in gesellschaftlicher Vielfalt

Ausarbeitung des Referates „Konzept zum interkulturellen und interreligiösen Dialog"

Vorgelegt von: Justus Treubel

Datum der Abgabe: 31.03.2007

Konzept zum interkulturellen und interreligiösen Dialog

Inhalt

1. Einleitung 3

2. Der interkulturelle und interreligiöse Dialog zwischen Christen und Muslimen 3

   2.1. Das Wahrnehmen des Anderen als Grundvoraussetzung für den Dialog 3

   2.2. Ebenen und Modelle des interkulturellen – interreligiösen Dialogs 5

3. Muslimischer Religionsunterricht an deutschen Schulen 8

4. Interkulturelles Lernen 10

5. Dalil Boubakeur und Martin Buber, zwei Menschen im Angesicht des Dialogs 11

6. Fazit 13

7. Literaturverzeichnis 14

1. Einleitung

Die Welt ist übersät mit Konflikten. Es sind nicht nur die globalen Konflikte, die kontinuierlich zunehmen. Oft sind es Probleme zwischen verschiedenen Kulturen im Alltagsleben, die im Konflikt enden. Deutschland ist nicht erst seit kurzem multikulturell. Neben dem Christentum bildet der Islam die zweit größte Religionsgemeinschaft in unserem Land. Über drei Millionen Muslime leben zur Zeit in Deutschland. Aus Unwissenheit, Desinteresse und Vorurteilen, bezüglich der jeweils anderen Kulturen, entstehen Spannungen und Probleme. Diese gilt es mit Hilfe des interkulturellen und interreligiösen Dialogs zu lösen. Alle Menschen müssen von der Notwendigkeit des Dialogs überzeugt und gewillt sein, diesen zu führen. Nur so ist es möglich, Frieden in der Welt zu schaffen und die Probleme im eigenen Land zu beseitigen. Peter Antes stellte einst die These auf: *Wir haben nur die Alternative zu lernen, miteinander zu leben oder gemeinsam unterzugehen.* In der folgenden Ausarbeitung werde ich näher auf den Dialog eingehen. Ich werde u.a. aufzeigen, wie notwendig und wichtig dieser ist. Des Weiteren werde ich mich mit dem muslimischen Religionsunterricht an deutschen Schulen, sowie dem interkulturellen Lernen befassen. Abschließend gebe ich einen kurzen Einblick in die Denkweise Dilal Boubakeur und Martin Bubers, zwei der größten Repräsentanten des interkulturellen und interreligiösen Dialogs.

2. Der interkulturelle und interreligiöse Dialog zwischen Christen und Muslimen

2.1. Das Wahrnehmen des Anderen als Grundvoraussetzung für den Dialog

Wer über Frieden, Krieg und Gewalt spricht, fängt an, sich mit dem Thema des interreligiösen und interkulturellen Dialogs auseinanderzusetzen. Frieden ist das heiligste Gut der Menschheit, jedoch lässt sich Frieden nicht „als solcher" planen, Frieden ist ein Geschenk. Um diesen zu erreichen, sind mehrere Dinge wichtig und erforderlich.

Es geht darum, „nach Spuren der Vernunft" zu suchen. Eine Vernunft, die Menschen zusammen führt, ohne Abstände zu tilgen, die verbindet, ohne Verschiedenes gleichnamig zu machen, die unter Fremden das Gemeinsame kenntlich macht, aber den Anderen anders sein lässt. Das Denken, Glauben und Fühlen des Anderen muss geachtet werden.[1] Jedoch ist es wichtig, dass die Dialogbereitschaft auf beiden Seiten für notwendig erachtet wird. Ein Dialog kann nicht geführt werden, wenn einer der Partner das Gesprächsergebnis vorweg festlegt. Ohne eine offene Bereitschaft, von den anderen zu lernen, findet kein Dialog statt. Eben diese Bereitschaft, von anderen Neues zu übernehmen, fällt der Mehrheit schwer, da damit auch ein Abschied von den herrschenden Strukturen verbunden ist.[2]

Die Fähigkeit und der Wille zum Dialog bedeute keineswegs eine Relativierung der eigenen Position. Gerade aus der eigenen Selbstbewusstheit heraus, lässt sich eine dialogische Haltung einnehmen. Daher sollte jeder Partner im Dialog von dem Wahrheitsanspruch seines Glaubens überzeugt sein. Ausschlaggebend sollte sein, eines Herzens zu sein und in die selbe Richtung zu schauen. [3]

Die Welt ist geprägt von vielen religiösen Konflikten. Da in Deutschland ca. 3 Millionen Muslime leben, gewinnt der interkulturelle und interreligiöse Dialog immer mehr an Bedeutung. Toleranz spielt in einem erfolgversprechenden Dialog eine sehr wichtige Rolle. Wer Toleranz übt, macht nach allgemeiner Einschätzung Zugeständnisse hinsichtlich seiner Prinzipien. Sie ist eine vorläufige Haltung für einfache Formen der Begegnung mit Menschen, die eine andere Lebensform leben. Toleranz besteht aus der Fähigkeit, das Anderssein des anderen auf sich zunehmen, ohne sich ihr direkt anzupassen. Darüber hinaus bedarf es eine Haltung der gegenseitigen Anerkennung auf beiden Seiten. Keine Stadt und kein Land ist sprachlich, kulturell oder religiös homogen. Es kann nicht nur von der Leistung der Einheimischen leben. Die Zukunft einer Stadt oder eines Landes kann nur gemeinsam, also von Einheimischen, als von Fremden, gestaltet werden. Es muss versucht werden unterschiedliche Gruppen am kommunalen Leben teilhaben zu lassen und durch die verschiedenen Kräfte und Kompetenzen die Stadt zu bereichern. Die Lebensweise der Nachbarn, der fremden Gruppen, sowie Kulturen sind wahrzunehmen, um den eigenen Ort zu erkennen.[4]

Keiner lebt mehr auf einer einsamen Insel. Keiner kann sich selber verstehen, ohne seine Umwelt zu verarbeiten, die ebenso neue wie fremde Anteile beinhaltet. Das Fremde ist vor allem das Ergebnis von eigenen Ansichten über die Welt. „Die Wahrnehmung des Fremden ist so eng mit der eigenen Lebensgeschichte verknüpft, dass man vom Fremden nicht

---

[1] Vgl. Stöger, Peter, 2003: Das Fremde im Eigenen: Betrachtung des Nord-Süd-Dialog, Annäherung an den Dialog. in: Graf, Peter (Hrsg.) (2003): Dialog zwischen den Kulturen in Zeiten des Konflikts. Göttingen, S. 124
[2] Vgl. Graf, Peter; Antes, Peter (1998): Strukturen des Dialogs mit Muslimen in Europa. Frankfurt a. M., S. 52
[3] Vgl. Graf, 2003, S. 124
[4] Vgl. Graf, 2003, S. 7-8

sprechen kann, ohne auch von sich selber zu erzählen". [5] Es sind letztendlich kleine, verschiedenen Dinge, die eine Kultur und eine Religion hervorheben. Der Dialog muss somit wesentlich „von unten" getragen werden. Das regionale, kommunale Alltagsleben ist entscheidend. Der Dialog von „oben" ist geradezu wirkungslos. Z.B. die Frage nach dem Ende des Lebens wird zur Provokation jeder Kultur und jeder Religion. Das Gespräch jedoch darüber wird zum Ort des interkulturellen Dialogs.

Ausschließlich den anderen die Aufgabe zu zuweisen sich zu integrieren, verhindert die Verarbeitung von Differenzen, die als solche nicht mehr zugelassen werden. Jeder muss das Recht haben dürfen, seine eigene Identität verbindlich zu leben, verankert in den Fundamenten seiner Kultur. Der interkulturelle Dialog zwischen den Gruppen erfordert daher das Aufbrechen von Oberflächenstrukturen. Der einzelne Mensch darf nicht als Repräsentant einer Kultur behandelt werden. Er wird aber besser verstanden, wenn man seinen ethnischen und kulturellen Hintergrund kennt. Wir haben nur die Alternative, miteinander zu lernen oder gemeinsam unterzugehen. Wir müssen uns den Problemen stellen, die Chance für den Dialog nutzen und entsprechende Perspektiven entwickeln. Ein friedliches Miteinander kann in unserer Gesellschaft zwischen Menschen unterschiedlichen Glaubens nur gelingen, wenn die pauschalen Feindbilder aufhören und differenzierte Betrachtungsweisen an ihre Stelle treten. Dazu gehört die Wahrnehmung der unterschiedlichen Ausrichtungen innerhalb einer jeden Religion. Nicht jeder Muslim ist ein Fanatiker oder extremistischer Terrorist, wie nicht jeder Christ ein Ungläubiger ist.[6]

2.2. Ebenen und Modelle des interkulturellen – interreligiösen Dialogs

Um muslimischen Schülern Gleichberechtigung zu gewähren ist es sinnvoll, muslimischen Religionsunterricht an deutschen Schulen anzubieten. Dieser Schritt ist ein enorm wichtiger Teil des Dialogs und kann einen Weg einschlagen, der weg von Alltagskonflikten führt. Die Wichtigkeit des muslimischen Religionsunterrichts werde ich jedoch noch in Punkt 3 konkretisieren.

Dieser Teil des interkulturellen und interreligiösen Dialogs muss auf verschiedenen Ebenen geführt werden.

Die erste Ebene ist die politische (Ebene). Hier müssen die Muslime als „zugehöriger" Teil der Gesellschaft und des öffentlichen Lebens wahrgenommen werden.

---

[5] Vgl. Graf, 2003, S. 125
[6] Vgl. Graf, 2003, S. 55f

Die zweite Ebene ist die Verwaltungsebene des Bildungswesens. Hier haben die verantwortlichen Minister der verschiedenen Bundesländer die Aufgabe, muslimischen Fachunterricht und eine spezifische Lehrerausbildung einzurichten.

Auf der dritten, wirtschaftlichen - universitären Ebene müssen spezifische Studiengänge der Lehrerausbildung für muslimischen Religionsunterricht anerkannt und eingerichtet werden.

Als Nächstes folgt die Ebene des Generationen – Verhältnisses. Hier wird das Gespräch zwischen Eltern, Erziehern und Imamen einerseits und den Schülern andererseits gesucht.

Des Weiteren gibt es die sprachlich – kulturelle Ebene, sowie die Ebene des intra - islamischen Dialogs. Hier geht es um den Dialog zwischen den Muslimen, um ihre verschiedenen Gruppierungen und Vereinigungen. Er hat die Aufgabe, verbindliche „Grundsätze" der religiösen Erziehung für muslimische Kinder zu beschließen.

Ziel der genannten Ebenen ist die religiöse Erziehung muslimischer Kinder im Sinne von Bildung und damit verbunden die individuelle Entfaltung der Schüler. Diese sollten einen Raum des Dialogs erfahren, der ihnen hilft, sich im Spiegel der anderen sehen zu lernen und so eigenverantwortlich ihr Selbst zu erfahren.

Alle Ebenen zusammen schaffen einen Raum des interreligiösen Dialogs. Auf allen Ebenen ist jedoch noch enormer Handlungsbedarf.[7]

Zusätzlich zu den verschiedenen Ebenen des Dialogs gibt es fünf unterschiedliche Modelle der interreligiösen Kommunikation.

Das Modell 1 heißt *Ausgrenzung des Anderen durch Monopolisierung*. Hier besteht Integration für Migranten, Asylanten und anderen Zuwanderer im Aufgeben ihrer bisherigen Identität und der Übernahme der neuen Kultur.

Das Modell 2 wird Duldung des Anderen bei formaler Multikulturalität genannt.

Dieses Modell wird oft politisch praktiziert und wird als Modell der Duldung bezeichnet. Es ist von Interessen der Beherrschenden und der Opferung und Ausgrenzung der Minderheiten geprägt. Die Mehrheit duldet die Minderheit, die sich der Mehrheit unterordnet. Eine so verstandene Toleranz kann Gewalt nicht beenden. Stattdessen wir die Gewaltbereitschaft der Minderheit gefördert. Die tolerierte und geduldete Minderheit wird überhaupt nicht in ihrer Besonderheit wahrgenommen. Toleranz im Sinne von Duldung nimmt den anderen Menschen nicht richtig wahr und respektiert ihn nicht. Dieses fatale Integrationsmodell fördert nur die eigenen Vorurteile, ohne dass die Konflikte wahrgenommen und aufgearbeitet werden. Das Multikulturelle in Form der Unterschiede und des jeweils Spezifischen wird gerade zu

---

[7] Vgl. Graf, Peter, (2004): Religiös-ethische Erziehung von muslimischen Schüler, Religiöse Bildung für Muslime als Ort des interkulturellen Dialogs. in: Graf, Peter (Hrsg.) (2004): Der Islam im Westen – der Westen im Islam. Göttingen, S. 251-252

tabuisiert und nicht offen thematisiert. Letztendlich wird durch das Modell die Ghettobildung verschärft und die gruppenspezifischen Eigenschaften und Interessen werden beibehalten.

Das dritte Modell nennt sich Harmonisierung durch eine westlich-christliche Einheitskultur. Dieses Modell beinhaltet die Idee einer „deutschen Leitkultur" als Integrationshorizont. Es besteht die Forderung von Zwangsintegration, die den anderen nur einen meist radikal privatisierten Restbestand kultureller Eigenheit belässt. Die Mehrheit versucht aus ihrer Perspektive heraus einen gemeinsamen Kernbestand an kulturellen, politischen, rechtlichen und moralischen Werten zu finden. Oft wird dieses Argument mit der These unterstützt: „Wir glauben doch alle an (denselben) Gott. In diesem Harmonisierungsmodell besteht die Gefahr, dass Differenzen als störender Unterschied verdrängt werden. Andere Religionen werden in ihrer Andersartig- und Selbstständigkeit nicht mehr wahrgenommen. Einerseits ist der Mensch einzigartig, andererseits wird dieses durch Forderungen nach Gleichheit und Gemeinsamkeiten in Frage gestellt und oft zugunsten des Gemeinschaftswillens übergangen. Politiker preisen uns an, wir sollten für Gleichheit und Konsens eintreten, weil nur auf diese Weise Verständigung zum gemeinsamen Handeln möglich sei. Dabei wird unsere Einzigartigkeit übergangen und sogar ausgelöscht. Nun stellt sich die Frage, für was wir eintreten wollen. Persönliche Einzigartigkeit eines jeden Menschen oder aber die von der Mehrheit vorgegebenen Gemeinsamkeiten, denen wir unsere Individualität opfern müssen. Gemeinsamkeiten machen den Dialog überflüssig! Sie machen den anderen Menschen zum Vertreter der eigenen Meinung und blocken neue Erfahrungen, wie auch Lernprozesse, als Perspektivenwechsel ab. Dadurch geht Lebendigkeit, die in der Vielfalt liegt, verloren. Größtmögliche Gemeinsamkeit lässt sich letztlich nur durch Gewalt herstellen, in dem Gesetze, Vorschriften, Bekenntnisse, Symbole, Riten und ethische Direktiven im Sinne einer Leitkultur für alle verpflichtend gemacht werden. Das Harmonisierungsmodell ist somit auch ein Ausgrenzungs- und Gewaltmodell.

Das Modell 4 wird als Dialog durch eine Kultur der Toleranz bezeichnet.

Toleranz kann nur als Dialog zwischen gleichwertigen Partnern sinnvoll sein. Nur im wechselseitigen Gespräch wird der andere in seiner Eigenständigkeit und in seiner Eigenart erkannt. Jedoch wird dieses Modell auch als Gemeinsamkeits- und Harmoniemodell einer gemeinsamen Kultur und Wertegemeinschaft eingestuft. Es soll mit Hilfe von Religion Frieden bringen, jedoch ist Frieden eine Gabe, ein Geschenk, dass sich nicht planen lässt und sich nur als Widerfahrnis ereignet. Ein gewaltloser Dialog ist nur möglich, wenn der andere sich mir in seiner Verletzlichkeit und Gewaltlosigkeit zeigt, die mich dann dazu verpflichtet, mit ihm zusammen an den Bedingungen für den Abbau von Gewalt zu arbeiten.

Das fünfte und letzte Modell trägt den Namen *Dialog durch Anerkennung des Anderen in seiner Differenz*. Das Differenzmodell geht von einem asymmetrischen Verhältnis zwischen dem anderen, der mir als Nächster vorgegeben ist und nicht von mir ausgewählt werden kann und mir selbst aus. Der Dialog beginnt mit der sinnlichen Wahrnehmung des Fremden, der in seiner Einzigartigkeit vorgegeben ist und der von uns Anerkennung fordert. Dann folgt der Dialog auf gleicher Augenhöhe. Der Anstoß und die innere Verpflichtung zum Anerkennen geht immer vom Gegenüber aus, indem er von anderen Menschen, also von mir, Anerkennung einfordert und diesen zugleich befähigt, anerkennend zu antworten. Indem andere Menschen in ihrer Eigenständigkeit, Andersartigkeit und religiösen Fremdheit wahrgenommen werden, werden sie als die eigentlichen Subjekte des Dialogs wahrgenommen. Denn die Einzigartigkeit, sowie die Eigenständigkeit anderer Religionshaltungen und Religionsausübungen stehen im Vordergrund und die Unterschiede werden zum produktiven Angelpunkt. Nicht in gemeinsamen Formulierungen, sondern in der konkreten Differenz von uns Menschen untereinander liegt Weiterbringendes. Denn erst die religiösen Unterschiede machen die religiösen (und anderen) Gemeinsamkeiten gewinnbringend. Aus diesem Grund geht es bei der Anerkennung der kulturell, religiös und sozial eigenständigen Minderheit des Islam zuerst um das sinnliche Wahrnehmen dieser Menschen in ihrer Andersartigkeit und dann, daraus folgend, um ein Verhalten in Wechselseitigkeit und Gleichwertigkeit. Um einen gelingenden Dialog zu erreichen, müssen alle Bürger an diesem Prozess teilnehmen und vor allem teilhaben. Er schließt als demokratischer Prozess die Realisierung von Gleichwertigkeit, Gegenseitigkeit, Gerechtigkeit und Integrität ein. Es findet somit ein Paradigmawechsel vom Toleranz- und Duldungsmodell zur individuellen Wahrnehmung und Auseinandersetzung von und mit Differenzen statt.[8]

3. Muslimischer Religionsunterricht an deutschen Schulen

Es leben ca. 3 Millionen Muslime in Deutschland. Man darf den Islam somit nicht übersehen oder verdrängen. Die Präsenz des Islams wurde und wird teilweise immer noch von dem politischen und öffentlichen Leben ausgeblendet. Doch der Islam bildet hinter dem Christentum die zweitgrößte Religionsgemeinschaft in Deutschland. Die Muslime bereichern Deutschland mit ihrer Anwesenheit. Jedoch sind Muslime nicht gleichberechtigt. Es wird kein muslimischer Religionsunterricht an deutschen Schulen angeboten. Keine Universität bildet

---

[8] Vgl. Gerber, Uwe (2006): Interreligiöser Dialog zur Friedensförderung. Abgrenzung – Toleranz – Differenz, Modelle interreligiöser Kommunikation. in: Gerber, Uwe (Hrsg.) (2006): Auf die Differenz kommt es an. Leipzig, S. 66-74

muslimische Religionslehrer aus. Erst seit kurzem hat das Bundesland Niedersachsen ein solches Projekt ins Leben gerufen. An acht Schulen in Niedersachsen wird muslimischen Kindern die Möglichkeit gegeben, an einem muslimischen Religionsunterricht teilzunehmen. An der Universität Osnabrück wird sogar ein Master-Studiengang für muslimische Religionslehrer angeboten.[9] Viele Muslime in Deutschland sind in einem Vereinswesen organisiert. Mit dem Einrichten von muslimischem Religionsunterricht ergreift der Staat selber die Initiative und verlässt sich nicht auf die Koranschulen. Dort wird Korankunde gelehrt, jedoch wird die deutsche Sprache sehr vernachlässigt. Darum ist es wichtig, muslimischen Schüler einen spezifischen Religionsunterricht anzubieten, der ihnen beim Erlernen von bestimmten Dingen behilflich ist. Die Schüler müssen die Fähigkeit erlernen, sich zu achten, einander zu verstehen und gemeinsam ihre spätere Berufswelt zu gestalten. Durch dieses Projekt werden Nichtmuslime und Muslime auf das gemeinsame Berufsleben vorbereitet. Das Einführen muslimischen Religionsunterrichts an deutschen Schulen ist ein weiterer Schritt des Dialogs. Schon die deutsche Verfassung beinhaltet ein Gesetz zur Gleichberechtigung der Religionen. Schulische Bildung in Europa hat zur Aufgabe, Schüler zu befähigen, ihre Person zu entfalten, indem sie ihre Umwelt verstehen, am gesellschaftlichen Leben teilhaben und es ihrerseits mitgestalten. Schüler müssen religiöse Strukturen kulturell, als auch politisch verstehen. Ziel ist es u.a., in einen gelingenden Dialog einzutreten. Wenn Muslime den Unterricht besuchen, so werden sie auf der Basis dieser gelebten Gleichrangigkeit auch thematisch in einen gegenseitigen Dialog eintreten. Der Unterricht muss in deutscher Sprache abgehalten werden und die Themen werden vom jeweiligen Kultusministerium vorgegeben. Alles beruht auf dem deutschen, demokratischen Grundgesetz. Wichtig ist, dass der Unterricht fächerübergreifende Projekte beinhaltet, um den Schülern soziale Gleichbehandlung zu vermitteln. Hier bieten sich z.B. religiöse Feste an. Dadurch erkennen Muslime, dass Christen nicht unbedingt unsittlich und ungläubig sind und andersherum erkennen Christen, dass der Islam im Kern zum Frieden aufruft. Das gegenseitige Kennenlernen und Verstehen steht im Vordergrund. Diese Form der gegenseitigen Wahrnehmung und des Lernens voneinander hilft, der Zunahme von Abgrenzung und Konfliktbereitschaft, von gegenseitiger Deklassierung und Verachtung, entgegen zu wirken.[10]

Selbst die Evangelische Kirche Deutschlands befürwortet eine interkulturelle und interreligiöse Erziehung in unseren Schulen. Für sie wäre die Einführung des muslimischen Religionsunterrichts, sowie spezifischer Studiengänge, ein guter Beitrag zum interkulturellen

---

[9] Vgl. Graf, 2004, S. 26-29
[10] Vgl. Graf, 2004, S. 241-246

und interreligiösen Dialog. Die Evangelische Kirche respektiere jeden Muslim in seinem Glauben und trete ihm mit Achtung entgegen. Sie distanziere sich von Entgleisungen und Anfeindungen aus der Vergangenheit und in der Gegenwart. Sie begrüße sogar, dass die Muslime in Deutschland ihr Glaubensleben nach ihren Regeln gestalte, solange diese auf der Grundlage des deutschen Grundgesetztes basiere und die demokratische Grundordnung nicht verletzte. Der Islam dürfe nicht mit aktuellen Formen des religiösen und politischen Fanatismus gleichgesetzt werden. Die Evangelische Kirsche sehe ausschließlich den Islam der Frömmigkeit und der friedlichen Menschen. Diese Menschen wolle man wahrnehmen, mit ihnen gemeinsamen den Dialog suchen und sie nach eigenen Kräften und Möglichkeiten unterstützen. Christen und Muslime sollten füreinander offener werden und sich gegenseitig respektieren.[11]

4. Interkulturelles Lernen

Um den weltweiten Konflikten entgegenzuwirken, bedarf es eines ständigen, andauernden Dazulernens. Es nennt sich das interkulturelle Lernen. Ziel ist es, das Tun von einem unbewussten, unreflektierten, auf ein bewusstes, reflektiertes Niveau zu heben. Kulturelle Unterschiede müssen ausgehalten werden und die Bereicherung, die darin liegt, muss erkannt werden. Mit permanentem Lernen wird Boden geschaffen Konflikten, auch zwischen Angehörigen des eigenen Kulturkreises, zu begegnen. Es geht darum, Fremdes wahrzunehmen, da das Fremde als ein Bogen der Resonanz des Eigenen entgegentritt. Fremdheit äußert sich somit als eine Ergänzung des Eigenen. „Nur wer sich selbst als Person, als sinnvolles Ganzes erlebt, kann andere Personen verstehen". Selbstverständlich ist es so, dass es beim Zusammenleben verschiedener Kulturen zu Spannungen kommt. Sie entladen sich, wenn Krisenzeiten kommen und Sündenböcke gesucht werden. Und gerade aus diesem Grund sind wir gefordert Kooperationsformen zu entwickeln, die nicht „auf Wettbewerb und Profitmaximierung, Nationaldenken und Lokalpatriotismus" gestützt sind. Die „großen", globalen Anliegen, müssen mit den „kleinen", regionalen Anliegen, gemeinsam erfasst und gelesen werden.

Alle zusammen müssen lernen, um die Anzahl der Konflikte zu verringern. Andere Kulturen müssen als bereichernd angesehen werden, und die eigene Kultur muss vertiefend erfahren werden. Denn erst wenn die Wertschätzung der eigenen Kultur vorhanden ist, können die

---

[11] Vgl. Graf, Peter, 2004, S. 139-143 + S. 21-32

Werte von etwas anderem erkannt werden. So lernt man, Konflikte zu erkennen, mit ihnen umzugehen und gegen sie anzukämpfen.

Trotz Rückschlägen durch fundamentalistische Störungen, darf der religiöse Dialog nicht unterbrochen werden, denn ohne diesen kann und wird es keinen Weltfrieden geben.

Die Gefahr des interkulturellen Lernens besteht in Gleichmacherei und Grenzverwischungen, die unangebracht und kontraproduktiv sind. Multikulturalität darf nicht nur im Sinne „von alles verstehen und alles gutheißen", sowie „ alles aufnehmen und allem begegnen müssen", verstanden werden. Das führt zu einer scheinbaren, theoretischen Toleranz. Stattdessen ist es wichtig sich mit dem Anderen auseinander zu setzten, denn das provoziert, die Erziehungsziele, Werteinstellungen und Verhaltensweisen der jeweiligen Kultur näher zu befragen. Gesellschaftliche Zusammenhänge werden dabei in vielschichtigen Zusammenhängen erkannt. Die Aufgabe ist somit, sich zu öffnen, ohne sich dabei zu verlieren und dem Gegenüber Respekt entgegen zu bringen. Interkulturelles Leben muss demnach gelebt, nicht gelehrt werden. Peter Stöger hat das Bild eines Fährmannes als Beispiel genannt:" Interkulturelles Lernen [...], heißt von einem Ufer zum nächsten übersetzen helfen, ohne das angestammte Ufer zu vergessen. Ganz im Gegenteil: ohne das Bewusstein um das eigene Ufer wird das andere nie zu erreichen sein. Und es wird vor allem dann erst zu erreichen sein, wenn ich keine kolonialen Ansprüche auf die eben betretenen Uferabschnitte und das dahinterliegende Land erhebe".[12]

5. Dalil Boubakeur und Martin Buber, zwei Menschen im Angesicht des Dialogs

Dalil Boubakeur ist der Vorsitzende des Französischen Rats der Muslime. Dieser ist die repräsentative Instanz des Islam Frankreichs und der offizielle Gesprächspartner bei den Behörden. Dalil Boubakeur ist der größte Repräsentant des interkulturellen und interreligiösen Dialogs auf muslimischer Seite. Er sucht und er wünscht den Dialog des Friedens. Dieser führe zu sozialer Entspannung unter den beiden Gruppen. Für ihn stehe der gegenseitige Respekt in Bezug auf die Werte des Anderen, sowie das Zusammenleben in gläubiger Haltung im Vordergrund. Boubakeur hält es für unumgänglich, sich an die Stelle des anderen zu versetzten, um diesen zu verstehen, zu akzeptieren und zu achten. Er hält den Dialog für notwendiger denn je, es müsse sich für den Schutz der Menschenrechte und der

---

[12] Vgl. Graf, 2003, S. 125-134

Menschenwürde eingesetzt werden. Boubakeur betont, die Anzahl der Extremisten in Europa sei minimal. Ganz im Gegenteil, es gäbe große liberale Strömungen des Islam in Europa. Und diesen müsse man Glaubwürdigkeit und Kraft verleihen. Das Ziel des Islams sei der Frieden. Der Dialog jedoch könne die Ursachen der Konflikte in der Welt nicht verhindern. Es existieren zu viele Konflikte mit religiösem Hintergrund. Allerdings sei die Religion nur ein Vorwand, den mächtige Menschen der Welt benutzen, um Krieg zu führen. Oft sind andere Aspekte ausschlaggebend. Aus diesem Grund müsse man versuchen, mit Hilfe des Dialogs, die gegenseitige Anerkennung herzustellen und somit zu vermeiden, dass die Religion als Vorwand zum Krieg ausgenutzt wird.[13]

Auch Martin Buber, einer der größten Dialogphilosophen und Dialogpädagogen des zwanzigsten Jahrhunderts, setzt sich stets für den interkulturellen und interreligiösen Dialog ein. Er ist der Meinung, weltweite Konflikte und Krisen seien die Folge von kollektiver Dialogverweigerung. Der Weg aus der Krise könne nur der sein, wenn man die gegebene Problematik versucht zu bewältigen. Es gebe kein Zurück, nur ein Hindurch. Hindurch werde man nur dringen, wenn man wisse, wohin man wolle. Buber setzt sich stark mit dem Verhältnis von Ich und Du auseinander. Also die Beziehung zwischen einem Selbst und dem Fremden. Für ihn sei es das Verhältnis zum Du, das den Menschen zum Menschen mache. Erst in der Öffnung zum anderen eröffne sich mein Ich, somit erschließe das Du erst das „Meine". Das Verhältnis Ich-Du stehe für einen geglückten Dialog, das Verhältnis Ich-Es hingegen für eine Entfremdung und somit für das Verfehlen des Dialogs. Jedoch könne das einzelne Es durch Eintritt in den Beziehungsvorgang zu einem Du werden. Wichtig sei es, eine eigene Identität zu bilden. Diese gelinge nur durch Begegnung mit dem Mitmenschen. Das Grundwort Ich-Du sei das Welttor der Beziehung. Das Gegenüber müsse einem wesentlich werden. Erst das Anderssein des Nächsten trete in mein Aufmerksamkeitsfeld. Durch das Verhältnis zu einem anderen könne der Mensch ganz werden. Nicht mehr Mensch und Mensch, sondern Mensch mit Mensch stehe jetzt im Zentrum. Die Menschwerdung werde nach Buber mit Sprachwerdung gleichgesetzt: „ In der Spanne zwischen Urdistanz und Beziehung entfaltet sich die Sprache als Instrument der Kontaktaufnahme. [...]".[14]

Be-Antwortung und Ver-Antwortung, also Antworten und Verantworten sei einer der wichtigsten Aspekte des Dialogs. Der Mensch in der dialogischen Verantwortung sehe den Menschen als konkretes Gegenüber. Vergegnung hingegen wäre,den mir gegenüber tretenden Menschen nach meinen ideologischen Vorstellungen zu beobachten und diesen meinem Urteil

---

[13] Vgl. Graf, 2004, S. 201-209
[14] Vgl. Graf, 2003, S. 76

überzuordnen. Man müsse das Andere des Fremden als ein Ganzes erkennen und anerkennen. So könne man sich selber als ein Ganzes zu ihm verhalten. So werde die Begegnung mit dem Anderen zu einer Begegnung mit dem, was in mir anders ist. Respekt und die Unterscheidungsgabe zählen, so Buber, zu den weiteren wichtigen dialogischen Qualitäten.[15]

6. Fazit

Nach näherer Untersuchung des Themas *interkultureller und interreligiöser Dialog* wird deutlich, wie notwendig ein Umdenken aller Menschen ist. Die Leute müssen von ihren traditionellen Denkweisen abweichen und lernen, miteinander zu leben. Durch das Wahrnehmen des Fremden lernt man nicht nur seinen Gegenüber, sondern auch sich selber erst richtig kennen. Vorurteile müssen abgebaut und durch Respekt ersetzt werden. Es bleibt der Menschheit keine andere Möglichkeit, sich zu ändern. Wie schon in der Einleitung beschrieben trifft meiner Meinung nach die These: *Wir haben nur die Alternative, zu lernen miteinander zu leben oder gemeinsam unterzugehen*, vollkommen zu. Sollten die Menschen unterschiedlicher Kulturen nicht aufeinander zu gehen, versinkt die Welt in Konflikten. Das betrifft nicht nur die Politik, niemand darf wegsehen. Der Dialog geht jeden etwas an. Ist es nicht so, dass jeder in einem friedlichen Nachbarschaftsverhältnis leben möchte? Und um das zu gewährleisten, ist das Engagement eines jeden Bürgers gefragt. Wer den interkulturellen und interreligiösen Dialog verweigert, muss kläglich zuschauen, wie die Konflikte im eigenen Land und in der Welt stetig zunehmen. Ich kann somit nur an jeden Menschen appellieren, seine Umwelt besser wahrzunehmen und konkret auf fremde, (mir) unbekannte Menschen zuzugehen und diese in meinen Alltag zu integrieren.

---

[15] Vgl. Graf, 2003, S.61-87

7. Literaturverzeichnis

Antes, Peter; Graf, Peter: Strukturen des Dialogs mit Muslimen in Europa. Frankfurt am Main: Peter Lang Verlag, 1998

Gerber, Uwe: Auf die Differenz kommt es an. Leipzig: Evangelische Verlagsanstalt GmbH, 2006

Graf, Peter: Dialog in Zeiten des Konflikts. Göttingen: V&R unipress GmbH, 2003

Graf, Peter: Der Islam im Westen – der Westen im Islam. Göttingen: V&R unipress GmbH, 2004, 1. Auflage